REMARQUES

SUR

L'ÉTAT ACTUEL

DE LA MÉDECINE & DE L'INDUSTRIE THERMALES

EN FRANCE

PAR

Le Docteur CAULET

MÉDECIN AUX EAUX DE SAINT-SAUVEUR (HAUTES-PYRÉNÉES)

PARIS

Georges CARRÉ et C. NAUD, Éditeurs

3, RUE RACINE, 3

—

1897

REMARQUES
SUR
L'ÉTAT ACTUEL
DE LA MÉDECINE ET DE L'INDUSTRIE THERMALES
EN FRANCE

PAR LE Dr CAULET.

Communiqué à l'Assemblée générale du *Syndicat des stations balnéaires et sanitaires de la France*, le 25 novembre 1897.

Le Syndicat général des Médecins des stations balnéaires et sanitaires de la France, qui s'est formé sous la pression de la nécessité, en présence de graves difficultés actuelles et de la crise très sérieuse que traverse depuis plusieurs années l'Industrie thermale en notre pays, avait pour premier devoir de se rendre compte de la situation et d'en reconnaître les causes.

Aussi votre premier acte était-il, une fois régulièrement constitués, d'ordonner une enquête dans le but de mettre en lumière l'état réel de la médecine thermale et sanitaire et des industries qui s'y rattachent, de rechercher les conditions dans lesquelles les unes et les autres s'exercent, de recueillir leur desiderata, enfin de fixer la profession sur le caractère, l'importance de la crise, pour préparer l'étude des voies et moyens d'y porter remède.

Je viens aujourd'hui au nom de votre commission[1] vous présenter les résultats de l'enquête à laquelle nous nous sommes livrés depuis un an.

Tout d'abord, Messieurs, nous constaterons que la situation est grave ! — Nous avions bien le sentiment, en dehors de nos recherches, que tout n'était pas au mieux dans le monde hydrologique ; — le fait seul de la communion en une même pensée de tant de confrères indifférents, hier encore divisés par d'irrémédiables désaccords, en témoignait assez, mais nous étions loin de soupçonner la gravité et l'étendue du mal.

---

(1) Cette commission est composée de MM. Caulet, président, Bouloumié, Boursier, Frédet, Pédébidou.

Les renseignements qui nous sont parvenus, les documents que nous avons recueillis mettent en relief, à côté des difficultés de la médecine thermale proprement dite, une situation extrêmement embarrassée des diverses industries dont l'ensemble constitue la ville d'Eaux ; situation des plus précaires, absolument critique, pleine d'incertitudes et de périls, grosse d'orages et de malheurs, déjà féconde en sinistres dans ces dernières années, et qui ne dourra se prolonger bien longtemps sans couvrir nos stations de ruines.

Messieurs, il serait puéril de se faire illusion et nous devons avoir le courage de la vérité... La médecine et les stations thermales traversent en ce moment une crise d'une indéniable gravité.

Et ne croyez pas qu'il s'agisse d'une crise de spéculation c'est-à-dire d'une stagnation dans les affaires, d'un arrêt dans leur progression prévue et escomptée, nous sommes en présence d'une diminution notable, atteignant en beaucoup d'endroits, dépassant même 50 °/₀ de ce qu'on faisait il y a quelques années.

Cette crise se caractérise essentiellement par la réduction continue du nombre des malades venant pour la cure, des gens qui les accompagnent et même des touristes faisant séjour, par l'abaissement général de la qualité de la clientèle, bref par la raréfaction de la somme d'argent laissée dans le pays.

Dans ces conditions toute cette population de guides, de voituriers, de commerçants, qui se développe autour de l'Étranger et dont la saison thermale est la seule ressource, ne trouve plus à vivre et tend à disparaître ; les logeurs tombent dans la gêne, puis dans la misère ; des hôteliers, mettant à peine mais pas toujours les deux bouts ensemble, renoncent au métier et des hôtels séculaires ne trouvent plus à se louer. Quant à cette petite bourgeoisie laborieuse, si intéressante pour nous, parce que confiante en l'avenir des Eaux et sensible à nos encouragements elle a consacré toutes ses économies au développement de la station, elle marche à grands pas à la ruine..... Ne pouvant payer ni la dette exigible ni les intérêts elle voudrait liquider, mais la propriété foncière a subi une dépréciation énorme. Dans des stations de premier ordre, des immeubles rapportant par exemple 10,000 francs se sont vendus 18 à 20,000 francs, mais la plupart des autres ne trouvent preneur à aucun prix.

Cette crise paraît générale bien que frappant inégalement les régions, et si quelques stations y échappent, conservant leur prospérité et même continuant à se développer, si quelques autres subissent seulement un temps d'arrêt sans décliner, ce ne sont que des exceptions qu'expliquent des causes particulières sur lesquelles il est inutile de s'arrêter ici et qui n'infirment pas la règle.

Quelques-uns trouveront peut-être cet exposé un peu sombre...

Nous voudrions l'appuyer par la production de documents démonstratifs ; ceux-ci ne nous font pas défaut, mais ils nous ont été livrés confidentiellement et nous n'avons pas le droit de les rendre publics.

La statistique générale de nos établissements thermaux, constatant les fluctuations du nombre de malades et de visiteurs de chaque station, permettrait d'apprécier d'un seul coup d'œil l'importance et l'étendue du mal.

Malheureusement vous savez que malgré les prescriptions minutieuses et formelles des lois existantes l'administration a cessé de la recueillir ; chose curieuse elle ne possède même pas celle des sept établissements thermaux appartenant au Domaine !

Une indiscrétion du *Journal Officiel* nous permet pourtant d'apprécier ce qu'est devenu notre première station, Vichy ; nous lisons en effet dans un rapport de la commission du budget [1]

(1) Rapport fait au nom de la Commission du budget chargée d'examiner le projet de loi portant approbation d'une convention passée entre le Ministre de l'Intérieur et la Compagnie fermière de l'établissement thermal de Vichy.

Nous reproduisons le tableau dans lequel le rapporteur résume la statistique de l'Établissement de Vichy.

ANNÉES	ÉTRANGERS DESCENDUS dans les hôtels	INSCRITS A L'ÉTABLISSEMENT thermal	PROPORTION	ABONNÉS AU CASINO	PROPORTION
			o/o		o/o
1883	43.620	5.920	14.09	9.234	21.90
1892	59.526	3.670	6.15	8.021	13.48
1895	72.031	3.354	4.65	7.516	10.43

Ajoutons qu'en 1881, le nombre des inscrits payants à Vichy

(3 avril 1897) : « Le nombre des malades inscrits à l'Établisse-« ment thermal qui était en 1883 de 5,920 est tombé en 1892 « à 3,670, et en 1895 à 3,354 » soit en douze années une diminution de 43,50 %...... Si la perle de nos stations la plus facilement accessible au centre du pays, la mieux aménagée et la plus richement dotée en ressources thérapeutiques de toutes sortes, la plus favorisée enfin au point de vue de l'installation des baigneurs, des commodités, du confortable et des agréments de la vie en est arrivée à ce degré de décadence, — le mot est de l'honorable rapporteur du budget auquel j'ai emprunté la citation, — que penser de l'ensemble de nos stations ?... Je n'insiste pas.

Tandis que nos villes d'Eaux plus ou moins délaissées s'acheminent peu à peu vers la ruine, les stations de l'Europe Centrale et notamment celles de l'Allemagne et de l'Autriche-Hongrie, consolidant les brillants succès qui ont suivi la guerre de 1870 voient pour la plupart depuis une douzaine d'années s'ouvrir une ère plus brillante encore d'expansion de richesse et de prospérité.

Des statistiques exactes, car ici elles sont la mesure de l'impôt, nous permettent de suivre leurs étonnants progrès.

Dans une récente publication [1] j'ai montré la clientèle s'accrois-

---

était encore de 7,562 (Rapport sur les stations d'eaux minérales de France, par M. Jacquot. Imprimerie Nationale, 1885).

Il importe de constater que ces chiffres visant les malades inscrits pour le bain et ne tenant pas compte de ceux qui font seulement la cure en boisson, ne représentent pas la totalité des malades prenant les eaux de Vichy...

On nous fait remarquer aussi que leurs variations, selon les années, ne donnent pas la mesure exacte des fluctuations de la clientèle, attendu que le rapport entre les malades usant des bains et ceux qui n'en prennent pas n'est pas fixe et qu'il varie selon la mode médicale, les circonstances et les conditions atmosphériques des saisons... Il n'est pas hors de propos de signaler enfin que depuis quelques années le bain minéral est un peu négligé à Vichy et souvent remplacé par les douches froides que l'on va prendre d'ordinaire dans des établissements hydrothérapiques privés, ce qui diminue d'autant la clientèle et par conséquent la statistique de l'Établissement thermal.

(1) Remarques sur le développement et sur les traditions de quelques stations thermales allemandes, in *Annales d'hydrologie et de climatologie médicales*, 1896.

sant depuis 10 ans à Ischl, de 94 %; — à Baden (Autriche), de 70 %; — à Aussée, de 57 %; — à Wildbad-Gasten, de 35 %; — à Voslau, de 39 %; — à Bad-Hall, de 38 %; — à Gleichenberg, de 9 %; — à Nauhein, de 173 %; — à Wiesbaden, de 40 %; — à Kissingen, de 21 %; — à Baden Baden, de 17 %, etc.

De nouvelles recherches me permettent de vous présenter aujourd'hui la statistique complète de l'État Prussien lequel, certes, n'est pas le plus favorisé au point de vue de la valeur intrinsèque des eaux minérales.

	NOMBRE DE VISITEURS DANS LES ANNÉES				
	1870	1875	1880	1885	1890
Eaux minérales. . .	112.121	208.710	237.272	276.943	344.803
Bains de sapin, hydrothérapie, etc. .	402	3.954	6.691	10.473	18.565
Bains de mer. . . .	5.309	16.052	23.469	79.518	119.465
TOTAL GÉNÉRAL. .	117.832	228.716	267.432	366.934	482.833

Le tableau que voici[1] montre que de 1875 à 1890 le nombre des personnes fréquentant chaque année les Eaux minérales est passé de 208.710 à 344,803 soit en 15 ans une augmentation de 65 %.

La progression régulière dans les deux premières périodes quinquennales, 13,68 % de 1875 à 1880, et 19 % de 1880 à 1885, s'accélère notablement de 1885 à 1890 où elle atteint 32,58 %.

Vous le voyez, Messieurs, lorsque nous reculons, les autres avancent.

*
* *

L'état actuel de notre Industrie thermale est donc misérable,

(1) Die Bäder und Heiquellen im preussischen Staate während der Jahre 1886 bis 1890, von A. Freiherrn von Firchs. Souderabdruck aus der « Zeitschrift des Koniglish preussischen statistischen Bureaus ». Jahrgang, 1894.

mais il y a lieu de se demander si la situation de nos Eaux a jamais été bien brillante ?...

Eh bien non !...

Il est certain que de nos jours la Médecine et l'Industrie thermales n'ont pas eu la prospérité et le développement qu'elles présentent dans les autres pays.

Nous avons traversé, il n'y a pas longtemps, une période de splendeur et de richesse inouïes ; notre sol s'était couvert de routes et de chemins de fer ; nos arts, notre industrie, notre génie débordaient de tous côtés ; nous marchions à la tête des nations, civilisées, l'axe de la politique européenne passait par les Tuileries, le monde entier était notre tributaire. — Pendant ces années glorieuses la France était la seconde patrie de ce qui, partout, avait naissance, fortune, renommée, talent ; Paris était la ville universelle et cosmopolite ! Eh bien, de ce développement prodigieux de la richesse nationale, de cette affluence énorme d'étrangers qu'est-il résulté pour nos Eaux minérales ? Rien de décisif.

Lisez la série des rapports annuels de l'Académie de Médecine ; ce ne sont que pleurs et gémissements !

Les encouragements voulus des rapporteurs et leur optimiste prémédité ne laissent pas d'illusion sur la pauvreté des efforts tentés et l'insignifiance des résultats obtenus... Il est trop évident que chez nous les Eaux minérales ne sont pas devenues populaires comme en Allemagne ; elles n'ont constitué qu'un traitement de luxe, d'exception auquel peu de gens peuvent prétendre..., les capitaux n'y sont pas venus, les médecins qui les appliquent n'y ont eux-mêmes vu pour la plupart qu'une carrière de nécessité..., l'Industrie thermale est donc restée misérable et besoigneuse.

Les documents que nous possédons, si imparfaits et critiquables qu'ils soient, ne laissent pas de doute à cet égard. Il nous suffira d'opposer les chiffres officiels de 131,000 malades en 1846 et de 123,000 en 1881, qui représentent la fréquentation annuelle de nos Eaux à 37 années d'intervalle.

Nous aurions reculé.

Si désagréable et si inattendu que soit ce résultat, il est difficile d'y échapper. — La statistique de 1844 ne peut être récusée, car les Médecins-Inspecteurs, tout puissants dans les stations qu'ils dirigeaient, avaient alors les moyens nécessaires pour l'établir.

Il est vrai que pour quelques Eaux leurs chiffres doivent être réduits parce qu'ils comprennent les parents accompagnant les malades et même les simples visiteurs, ceux-ci peu nombreux toutefois à cette époque. En réduisant ce total de un tiers, ce qui est excessif, et en acceptant tel quel le chiffre de 1881, auquel M. Jacquot s'est arrêté après un contrôle rigoureux de tous les documents administratifs en sa possession, on trouve qu'en 37 ans la fréquentation de nos Eaux n'aurait augmenté que de 40 %, ce qui est mince eu égard à la différence des temps (facilités de locomotion, etc.) et au nombre respectif des établissements thermaux (391 en 1881 contre 130 en 1844). Nous n'aurions fait que piétiner sur place [1].

En résumé, Messieurs, si nous les comparons à celles des pays voisins, nos Eaux minérales n'ont jamais de nos jours été bien prospères ; elles n'ont eu qu'une existence misérable, participant à peine à cet immense mouvement d'expansion qui caractérise la deuxième moitié du siècle et ne profitant guère des progrès modernes... Il n'est pas bien sûr qu'elles soient aujourd'hui moins fréquentées qu'avant la guerre...... L'état actuel paraîtrait donc, je ne dis pas satisfaisant, mais normal, régulier, tolérable, s'il ne suivait immédiatement une période de prospérité relative inusitée, inouïe dans leur histoire, période tout accidentelle dont nous devons étudier les effets.

On se rappelle l'intensité de la reprise des affaires après la libération du territoire ; d'abord c'étaient des ruines à réparer, un

---

(1) M. Jacquot, peu satisfait de cette comparaison d'ensemble, s'est efforcé de dégager ici la vérité, en rapprochant, station par station, la statistique assez complète de 1881 de quelques chiffres fournis par le manuel des Eaux minérales de Patissier et Boutron-Charlard, publié en 1836 et il est arrivé à cette conclusion un peu moins triste, que dans les cinquante années finissant à l'exercice 1881, la plus prospère du siècle, le nombre des malades se rendant aux Eaux aurait à peu près triplé. Malheureusement, cette conclusion est inadmissible pour la raison que les quelques chiffres du manuel de Patissier visent surtout les stations les plus en vue, lesquelles ont, en effet, beaucoup augmenté, mais aux dépens des autres. Si nous procédions de la sorte avec les chiffres que nous avons recueillis sur les Eaux Austro-Allemandes, nous trouverions que là, en 50 ans, la clientèle aurait plus que décuplé.

long chômage à rattraper, un fort arriéré à solder ; puis ce furent les travaux publics ordonnés par le gouvernement, chemins de fer, lycées, écoles de toute sorte, casernes, équipements militaires ; ici les départements, les municipalités suivaient l'impulsion, la consigne était de faire grand, le public payait et l'on n'y regardait pas..... On put se croire revenu aux beaux jours de l'empire ; l'esprit d'entreprise renaissait, la bâtisse reprenait, la France était transformée en un vaste champ de construction. On dépensait avec furie, d'où un bien-être général momentané dont l'industrie thermale bénéficiait largement comme toutes les industries de luxe.

La fièvre de spéculation qui sévit en 1881, 1882 et 1883, forçant la hausse, faussant la valeur de toutes choses, et simulant un état de richesse publique qui était loin d'exister, ne lui portait pas préjudice,... bien au contraire... Nos villes d'Eaux regorgeaient de monde, on ne savait où s'y caser, les greniers s'y louaient à prix d'or.... Jamais l'on n'avait vu pareille fête... On crut que cela allait durer.

Alors on se décida à entrer dans le mouvement, à se lancer dans la voie du progrès ; on agrandit les thermes, on édifia des Casinos, on construisit des hôtels, des maisons particulières.... Et cela trop souvent sans mesure, sans raison, comme si on allait avoir à loger l'humanité entière.... lorsque éclata tout à coup, — et bien trop tôt pour nos Eaux, — le krach de 1883 qui fut le commencement de la débâcle... on s'aperçut alors que les dépenses improductives n'avaient pas enrichi le pays.

La fréquentation des Eaux revint assez vite au *statu quo ante*, on tomba plus bas, et il ne semble pas qu'on soit au fond !...

Cependant nos Eaux ont vu de plus mauvais jours, et, comme nous le disions, la situation serait tolérable si la crise n'avait surpris notre Industrie thermale en pleine transformation, au moment où elle venait de s'endetter et de se charger de lourds engagements qu'elle n'a plus maintenant les moyens de tenir.

Autant et plus que l'état aigu actuel, il nous faut donc étudier les origines et les conditions du mal chronique qui ronge depuis si longtemps notre Industrie thermale et qui a si fâcheusement influé sur son développement. Cette recherche nous montrera d'ailleurs en grande partie les causes des graves difficultés du moment.

LA CLIENTÈLE

Nous avons vu qu'en France on ne va guère aux Eaux, et il semble qu'on y aille de moins en moins. Telle ville d'Eaux allemande, Wiesbaden, par exemple, avec ses 108,000 personnes payant la cure-taxe, reçoit certainement plus de visiteurs, faisant séjour, que toutes nos Eaux réunies.......

Si l'on examine le mouvement de notre clientèle dans ces dernières années on constate que depuis longtemps déjà il diminue dans les petites stations et tend à augmenter dans les grandes..... Ici comme partout les gros mangent les petits... Et il y a à cela bien des raisons, ne seraient-ce que l'abandon graduel des campagnes par les classes riches attirées dans les villes où elles rencontrent d'autres traditions, et l'infériorité chaque jour plus accentuée des petites stations vis-à-vis des grandes pour tout ce qui est de l'installation technique et des conditions actuellement nécessaires ou simplement utiles à la vie des Eaux. C'est assurément là une tendance fâcheuse et une perte pour la médecine thermale car bien des gens qui ne sont plus appelés par la vogue à la petite station voisine ne sont pas en position d'aller à la grande station éloignée......

Dans la plupart de nos stations et pas seulement dans les petites, la clientèle ne se compose guère que des malades venus pour prendre les eaux et des personnes qui les accompagnent.... dans d'autres, aux grandes surtout, on trouve en outre un nombre plus ou moins considérable d'étrangers à la localité, les uns installés là pour fuir la villle et profiter des avantages hygiéniques de la campagne, du changement de milieu, de vie et de régime, les autres venus plus spécialement pour jouir des agréments qu'on y rencontre : théâtres, casinos, jeux publics, courses, etc.... Et très souvent le nombre de ceux ci dépasse celui des malades avec leur famille. C'est ainsi qu'en se développant nos principales villes d'Eaux accusent une double tendance, devenant les unes des stations sanitaires, les autres des lieux de plaisir.

Parmi les malades faisant la cure, il y a lieu de distinguer les étrangers et les nationaux. En France nous n'avons pas, — comme on en a partout ailleurs, — de statistiques régulières permettant d'apprécier l'importance numérique des étrangers dans notre clientèle thermale et d'en mesurer les fluctuations. On peut dire toutefois qu'à part certaines stations, Aix en Savoie par exemple, ils n'y représentent qu'un appoint....

Si l'on fait abstraction des clientèles de voisinage (Espagnols, Italiens, Suisses) et de relation (hispano-américains), dont le volume suit de près les fluctuations de la fortune publique des pays d'origine, il est certain que le nombre des étrangers venus chez nous par le seul fait de la notoriété de nos Eaux, a considérablement diminué depuis une vingtaine d'années..... d'abord parce qu'il y a moins d'étrangers en France, notre pays ayant cessé d'être le centre du monde ; – ensuite parce que le nombre des médecins étrangers fixés parmi nous a beaucoup augmenté, – Paris seul en compte une proportion de 22 % établis dans les quartiers les plus riches. Ces confrères soignent la presque totalité de leurs nationaux et naturellement ils les envoient de préférence aux Eaux de leurs pays qu'ils connaissent mieux que les autres.... Ici encore nous payons la rançon de notre défaite en subissant cette invasion de toutes sortes de médecins étrangers admis sans titres ni droits au libre exercice de la médecine en France ; enfin en raison de la plus grande notoriété des stations étrangères et d'une tendance générale à les voir et croire plus belles encore qu'elles ne sont.

L'influence allemande dans le monde a pour cause principale les victoires de l'Allemagne. L'étranger qui va en Allemagne est disposé, avant de partir, à tout admirer chez un peuple triomphant. Nous, au contraire, nous sommes des vaincus, notre patrie supporte depuis 27 ans les conséquences de la défaite et du démembrement. De là chez les étrangers une naturelle prévention contre tout ce qui est français et il en est de nos Eaux comme du reste, à moins que leur intérêt personnel immédiat ne les détermine à plus d'indulgence.

Malgré ces conditions défavorables nous croyons que la valeur propre de nos Eaux, dont beaucoup sont sans anologue au monde, et le charme de notre climat attireraient un nombre considérable d'étrangers dans nos stations thermales si nous autres, médecins hydrologues, nous acceptions plus résolument les exigences et les devoirs, les fatigues et les ennuis de la carrière........

De notre clientèle payante peu de chose à dire.... Elle se recrute presque exclusivement dans les classes riches, aisées, la bourgeoisie moyenne, et même parfois la petite bourgeoisie ; le petit monde n'y participe pour ainsi dire pas... C'est que chez nous on va aux Eaux quand on peut et non quand il faut.... la médecine thermale est une médecine de luxe, un traitement d'exception, et c'est là qu'est sa faiblesse.... N'ayant pour tributaires que les classes les moins nombreuses, les moins malades, les plus subordonnées à la mode, les plus infidèles par conséquent, elle ne peut que décroître, et en effet il paraît bien qu'elle va en décroissant depuis une cinquantaine d'années....

Prenons l'année 1881, la plus prospère depuis la guerre, la plus favorisée par les conditions artificielles que nous avons dites, nous voyons que Vichy y a reçu 7,565 malades payants, mais il en recevait tout autant et parfois plus vingt ans auparavant.... Nous trouvons en effet dans la série des rapports annuels de la Commission des Eaux minérales à l'Académie de médecine les chiffres suivants :

1860.....	6,921	malades payants.
1863.....	7,695	—
1864.....	7,324	—
1866.....	6,621	—

Bien que ces chiffres ne soient pas immédiatement comparables en ce sens qu'ils visent seulement les malades inscrits pour le bain et la douche, et qu'en 1881 le nombre de ceux-ci avait déjà sensiblement diminué, paraît-il, relativement aux malades non inscrits, ne prenant les Eaux qu'en boisson, ils montrent pourtant que, malgré les progrès de la fortune publique et l'énorme développement des voies de communication, Vichy, pris pour type de nos Eaux françaises, n'a pas de nos jours fait de bien grands progrès... ; ce qui a visiblement augmenté ce sont les passants, les touristes, les gens de plaisir, fêtards, joueurs, etc.

Et l'on a le devoir de se demander si ceci n'a pas tué cela quand on voit pendant le même espace de temps, l'énorme développement de la station rivale de Carlsbad.

Pourquoi les basses classes, la petite bourgeoisie, le petit monde vont-ils si peu aux Eaux minérales alors qu'aujourd'hui ils se déplacent si facilement et qu'ils font, par exemple, la fortune de tous les bains de mer ?

Il y a à cela deux raisons.

D'abord on ne les y attire pas..., nos stations visant une autre clientèle ne font rien pour eux ; parfois même on les dédaigne et l'on cherche à s'en débarrasser.... la médecine thermale n'est donc pas populaire et le peuple ne la réclame pas.

D'autre part les médecins ne l'y envoient pas..... ne croyant guère aux Eaux, ils évitent de prescrire un traitement dont les bons effets ne leur semblent pas compenser les frais...

Il en est autrement à l'étranger où tous, grands et petits, se pressent aux Eaux..... C'est que chez nos voisins la cure thermale est un traitement de nécessité, on va aux Eaux comme on va chez le pharmacien, parce qu'il faut y aller.... La médecine thermale recrute donc sa clientèle dans toutes les classes de la population ; cela suffirait à expliquer sa vogue et son incroyable prospérité.

Il faut imiter nos voisins, il faut faire pénétrer les bienfaits de la médecine thermale dans les couches profondes de la population... Là, Messieurs, nous trouverons fortune et succès..... Quelques-unes de nos stations ont sans doute droit à une clientèle d'étrangers qui ne leur échappera pas, mais rappelons-nous que tous les peuples éprouvent un besoin identique de se suffire à eux-mêmes, et que la facilité pour ceux qui n'ont pas de capitaux d'en trouver à bon compte dans tous les *lombard-Streets* de l'Europe occidentale, fait que partout l'industrie thermale se nationalise....

Le même esprit de particularisme qui fait renaître des idiomes oubliés et qui en crée de nouveaux, agit sur l'activité industrielle,.. il faut s'attendre dans tous les pays à voir diminuer la clientèle étrangère. C'est vers le développement de la consommation intérieure, que la médecine et l'industrie thermales doivent tourner leurs efforts.... Les progrès du bien-être, l'accroissement de la richesse générale, les bienfaits de la paix publique, la cessation des révolutions aideront à notre tâche et soyez sûrs que nous n'en trouverons jamais la limite, car l'homme est insatiable et les besoins de soins et de traitements, croissent pour lui plus vite encore que les ressources médicales, malgré l'activité de la science qui augmente indéfiniment les moyens de la thérapeutique...

Pour achever cette revue de notre clientèle thermale nous devons dire un mot des indigents,.... lesquels comprennent à proprement parler tous les gens sans fortune acquise dont le travail journalier est la seule ressource.

S'il est vrai que le traitement thermal est le meilleur et souvent le seul remède des maladies chroniques, ils devraient se presser en foule à nos Eaux..... Et en effet il en était ainsi aux siècles derniers ; les Eaux alors étaient essentiellement des lieux de bienfaisance ; à côté de la source il y avait, pour héberger les malades nécessiteux, l'hospice ; et pour les soigner les restes des maladreries du moyen âge, avec des installations balnéatoires en commun admirablement disposées, à l'estimation de l'ingénieur François.

Le tout appartenait à des congrégations religieuses, dépositaires de l'œuvre de charité générale et chargées par leur institution même et par suite de legs et donations, de l'Assistance publique.

Mais vers la fin du XVIIIe siècle l'assistance aux Eaux fut ruinée par l'aliénation des biens de main-morte, de même que l'assistance publique en général par la suppression de la dîme.

Et vainement pour dédommager le petit peuple de la perte d'un droit séculaire, le Directoire Exécutif décidait-il que « ..... les in- « digents munis de certificats des autorités constatant les blessures « ou infirmités recevraient gratuitement le secours des Eaux mi- « nérales. » Cette décision, maintenue en vigueur par un arrêté des Consuls et qui aujourd'hui encore a force de loi, est restée lettre morte, faute de dispositions prises pour en rendre possible et en assurer l'exécution.

Rien de curieux comme de suivre en ce siècle le « minus habens » à travers les étapes de sa dépossession graduelle des moyens de faire la cure !

En maints endroits depuis la guerre de 1870 on a trouvé moyen de se débarrasser tout à fait de lui pendant la saison thermale et vous savez qu'en définitive, aujourd'hui, l'assistance se réduit le plus souvent à des concessions gratuites d'Eaux aux périodes extrêmes de la saison.

Ne craignez pas, Messieurs, que j'expose à vos regards le triste spectacle des conditions qui attendent parfois l'indigent assez courageux pour aller au loin demander un remède aux Eaux minérales, permettez-moi de renvoyer, à cet égard, à un travail lu en 1889 à la Société d'hydrologie[1].

---

(1) CAULET. Du traitement thermal des indigents dans le dépar-

Je constaterai seulement que la suppression, — sans palliatif ni remplacement, — de toute surveillance et inspection médicales des établissements thermaux a sensiblement aggravé ces conditions.

A Barèges, par exemple, où sept à huit cents indigents font annuellement la cure, mais où ne réside plus aucun médecin en dehors de la saison payante, à Barèges, dis-je, à 1,250 mètres d'altitude, par un climat parfois horrible en mai et en octobre, l'indigent infirme est pour ainsi dire abandonné aux contingences redoutables de la médication hyperthermale la plus énergique et la plus agressive que l'on connaisse... Pour le diriger dans sa cure, pour le soigner s'il survient quelque incident, il n'a que le secours passager d'un confrère, médecin à Saint-Sauveur, résidant donc à deux heures de là, à qui une allocation du conseil général des Hautes-Pyrénées permet de monter aux thermes, trois fois par semaine....

Cependant en 1881 la statistique annonçait encore pour l'ensemble de nos Eaux une fréquentation annuelle de 15,500 indigents. — 15,000 indigents admis au bénéfice de la gratuité des Eaux, c'est peu pour un pays riche et hospitalier comme la France, qui possède 1,200 sources exploitées et 400 établissements thermaux !...

Déjà en 1849, le grand ingénieur François, dont la longue carrière fut entièrement consacrée aux Eaux minérales, considérait « les difficultés qui s'opposent à l'usage rationel et suivi des Eaux minérales par les classes peu aisée et indigente » comme « la cause dominante » de leur décadence... Neuf ans plus tard il déclarait encore que « le progrès de l'art médical aux Eaux se « trouve étroitement lié à une bonne organisation de l'Assistance « publique dans les principales stations. »

Certes les conditions déplorables de ce service ne sont pas pour satisfaire les médecins d'Eaux, mais peut-être ont-ils eu trop de philosophie pour les supporter. — Qu'ont-ils fait pour en imposer l'amélioration ? Rien !... Pardon, en 1889, la Société d'hydrologie a nommé une commission..... qui ne s'est pas encore réunie...

Pourtant, en médecine comme en politique, la classe peu aisée

---

tement des Hautes-Pyrénées. *Annales de la Société d'hydrologie*, t. XXXIV, 1889.

ou indigente est le point de départ de toutes les fortunes, la source et l'origine de tous les succès. C'est elle qui rémunère le mieux, — et souvent le plus cher, — les soins et attentions qu'on lui porte.

En médecine comme en chirurgie elle fournit la matière première pour tous les progrès. C'est par elle que les spécialistes, avec leurs dispensaires ou cliniques, ont conquis le droit de cité dans la profession et forcé la porte de la Faculté et de l'Académie... Vraiment nous avons été bien fiers de dédaigner leurs services !...

Comment la tradition nous abandonne, la médecine nous oublie ; pendant deux mois sur quatre nos Eaux précieuses, vierges et pures, s'écoulent inutiles au gave et nous souffrons, qu'on renvoie le petit monde de nos établissements thermaux !... Mais, plutôt que de jouer devant des banquettes vides les directeurs de théâtres paient des spectateurs ! nous devions faire comme eux !....

Notre intérêt professionnel comme notre devoir de médecin nous imposaient l'obligation étroite d'une lutte continuelle et sans défaillance pour corriger les conditions actuelles de l'Assistance et pour faire participer de plus en plus les classes les plus nombreuses et les plus pauvres aux bienfaits du traitement auquel nous avons voué notre pratique.

Et maintenant que faire pour remonter ici le courant qui nous emporte ? Faute d'hôpital notre observation reste bornée, incomplète, infidèle, — et nos travaux se traînent dans une lamentable indifférence. Réduites à la publicité sépulcrale des Annales et des recueils spéciaux nos communications restent sans effet. — C'est par des leçons de choses, par la présentation objective des faits que nous devons poursuivre aujourd'hui la vulgarisation de nos méthodes et de nos doctrines.

Et ne voyez-vous pas quelle influence aurait pour la résurrection de la médecine thermale, un ensemble de mesures administratives qui, permettant aux hôpitaux, aux institutions charitables, aux sociétés de secours, d'envoyer en toute sécurité leurs incurables et leurs chroniques aux Eaux minérales, obligeraient ainsi les médecins à constater eux-mêmes, directement, *de visu*, des faits thérapeutiques positifs, auxquels ils se refuseraient à croire, les jugeant impossibles ou mal observés, s'ils en lisaient la relation.

LES VILLES D'EAUX

Depuis quelque temps il est de mode d'incriminer les villes d'Eaux : leur installation est défectueuse, on y manque de confortable, il y est péché à tout moment contre les règles de l'hygiène, la vie y est hors de prix !... et c'est aux conditions intrinsèques des stations qu'il faudrait rapporter l'état misérable de notre médecine thermale et son infériorité vis-à-vis des pays voisins...... Tout cela est fort exagéré et l'on ne s'en avisait pas lorsque les affaires allaient bien....

Vichy est certes une belle station thermale, bien aménagée, où l'on trouve toutes les installations possible, des plus riches aux plus modestes ; la vie y est meilleur marché que partout ailleurs, pourtant sa clientèle n'a pas augmenté de nos jours et la statistique de l'établissement thermal semble indiquer qu'elle a diminué de plus de moitié en quelques années.....

La vérité c'est que chez nous la médecine thermale a fait *faillite* aux stations ; celles-ci n'ont pas pu s'améliorer beaucoup parce que la tradition populaire se détournait d'elles, et que la profession médicale elle-même les oubliait.

Nos stations sont d'ordinaire bien installées pour l'utilisation de l'Eau minérale et donnent satisfaction aux exigences du traitement spécial qu'on vient y chercher. mais en général on n'y fait pas assez pour l'agrément et le bien-être des malades, et la plupart sont restées en retard pour tout ce qui est du confortable et des nécessités de la vie moderne. — Pourtant il faut constater que de sensibles progrès ont été accomplis de nos jours et que depuis une vingtaine d'années nombre de nos villes d'Eaux font de sérieux efforts pour se transformer.

Il importe aux médecins de les suivre de près dans leur évolution. Quelques-unes, très bien situées, dans des endroits salubres, agréables à habiter, à la montagne par exemple, fréquentées déjà, en outre de la clientèle thermale, par de nombreuses familles qui y sont en villégiature, pourraient devenir des stations sanitaires, .. mais de ceci on ne paraît pas s'inquiéter.

Ce à quoi l'on vise surtout, c'est à devenir un lieu de plaisir, une ville de jeux et en bien des endroits on a que trop réussi.

Rien de significatif à cet égard comme l'écart énorme constaté entre la progression du nombre des visiteurs et la faible augmentation des malades.....

Et le succès de quelques stations a tourné partout les têtes;.... « des jeux, rien que des jeux, c'est là qu'est le succès ; il est plus aisé de se faire une spécialité avec les jeux qu'avec les Eaux !... Les thermes serviront de couverture et l'eau minérale masquera le tripot. »

Pour appliquer cette idée capiteuse, les fonds n'ont pas manqué.... On a vu de puissantes compagnies se constituer et affermer les Eaux à des prix exorbitants ; il était bien entendu que l'exploitation régulière des thermes et des casinos ne suffirait pas à payer le prix de la ferme, non plus que les autres dépenses incombant à la Compagnie fermière, entretien des jardins, subvention à la musique, aux troupes de comédie, etc... mais la cagnotte devait parer à tout.....

En 1881, le Dr Lambron faisant la balance de l'établissement de Luchon et constatant un déficit considérable, ajoutait : « Ce déficit est amplement couvert par le rendement des jeux que l'on « dit dépasser 600,000 francs. sur lesquels il faut non seulement « prélever les intérêts à donner aux actionnaires, mais encore « payer les embellissements et agrandissements sans cesse néces- « saires. Dans ces conditions, on peut dire que les saisons sont « splendides et fructueuses pour les habitants de Luchon, et dans « la suite n'y feront assurément qu'y attirer un nombre immense « de malades et de visiteurs. Les jeux sont donc un mal néces- « saire ; ils s'imposent malgré tout. »

Peut-être aujourd'hui Lambron penserait-il autrement. — Quoiqu'il en soit, il n'est pas inutile de remarquer que c'est au moment où l'Allemagne se débarrassait radicalement et définitivement des jeux que nos stations s'orientaient de ce côté.

Nos voisins ont trouvé un succès inattendu, une prospérité sans égale, dans une voie honnête et régulière, n'alarmant ni la morale, ni la médecine ; peut-être aurions-nous bien fait d'agir comme eux.

Je craindrais de fatiguer votre attention en m'arrêtant plus longtemps sur une question envisagée sous ses divers aspects dans mes « Remarques sur les traditions et le développement des Eaux allemandes », mais il me sera permis de constater que si les jeux publics ont directement nui à la médecine thermale en écartant les bonnes familles qui forment le fonds solide et traditionnel de notre clientèle et en inquiétant les médecins qui nous fournissent des malades, le régime qu'ils ont inauguré a déjà couvert nos stations de ruines.

En effet, c'est en majeure partie pour héberger les joueurs, les *fêtards*, et toutes les variétés de demi-mondains qui gravitent autour d'eux que la petite bourgeoisie de nos cités thermales s'est si lourdement endettée, sans prendre garde à l'inévitable concurrence qu'allait engendrer la quasi-liberté de la nouvelle industrie.

Remarquons toutefois que les jeux publics n'ont qu'un rôle accessoire dans le mouvement de décadence qui emporte l'industrie thermale... Sans doute pour le moment ils discréditent notre médecine, ils précipitent dans nos régions ce mouvement de translation de propriété qui est l'œuvre méthodique de la finance moderne, mais en définitive ils laisseront nombre de nos stations embellies, constituées en un état de progrès matériel considérable qu'on n'aurait pas si vite réalisé sans eux.

Pour opérer leur transformation, les villes d'Eaux ont le plus souvent recours à des Compagnies fermières auxquelles elles concèdent pour de longues années l'administration de leurs thermes. Cette manière de faire a bien des inconvénients. Il est certain que les Eaux minérales ne sont pas, sauf de rares exceptions, d'une mise en valeur très avantageuse par elles-mêmes. — Elles imposent de lourdes charges et ne profitent réellement aux populations que par les industries annexes qui dérivent de leur exploitation ;... il n'y a donc pas lieu d'abandonner à des étrangers le plus clair de leurs bénéfices...

Dans les dix dernières années, les actionnaires de la Compagnie de Vichy constituée au capital de quatre millions se sont partagés un dividende de plus de vingt-deux millions de francs !...

Si ces bénéfices de l'exploitation des Eaux de Vichy avaient été appliqués à l'amélioration de la station, notre première ville d'Eaux ne serait sans doute pas où elle en est [1].

(1) Dans un récent rapport au Comité consultatif d'hygiène publique, M. Brouardel constate que « l'insuffisance des établisse-

D'autre part la concession des Eaux minérales a pour conséquence presque inévitable d'arrêter pour une série d'années tout progrès dans la ville concédée... En effet, les Compagnies ne s'engagent que pour des travaux déterminés d'avance... ceux-ci exécutés, on n'a plus rien à leur demander... Mais le progrès ne s'arrête pas; il va sans cesse ; si on ne le suit pas jour par jour on se trouve bientôt dépassé, arriéré, démodé. — Et cela peut coûter cher en matière d'industrie thermale ! Voyez plutôt ce qui en est résulté pour Vichy... En 1863, au moment de la concession, Vichy était plus fréquenté que Carlsbad, recevant annuellement 7 à 8,000 malades inscrits (7,695 payants en 1863), alors que Carlsbad ne voyait que 6 à 7,000 *visiteurs*. Aujourd'hui la clientèle *inscrite* de Vichy est tombée à 3,350 (en 1895), et bien que ce chiffre soit loin de comprendre la totalité des malades faisant la cure. Il contraste péniblement avec les 32,000 familles et 46,000 personnes représentant la fréquentation actuelle de Carlsbad[1].

Le péril pour les stations concédées vient de ce qu'elles ne peuvent plus se modifier lorsqu'il le faut et lorsqu'elles le veulent...

Les Compagnies fermières n'entendent pas être dérangées dans leur jouissance... Si l'on veut absolument sortir de l'immobilité, faire quelque chose, il faut les dédommager et souvent elles n'acceptent d'autre indemnité que la prolongation de leur concession... Tout d'abord on avait cru s'engager pour un temps, on s'aperçoit qu'on est lié pour l'éternité. — C'est précisément ce qui arrive aujourd'hui même à Vichy, où l'on ne veut pas attendre la fin de la concession pour se mettre à niveau. — Pour se dégager les mains, liées jusqu'en 1904, on va signer un contrat qui les enchaînera définitivement jusqu'en 1934.

---

ments de Vichy est un danger pour l'avenir », citation prise dans le rapport déjà cité de M. Lasserre, au nom de la commission du budget (séance du 3 avril 1897).

(1) Rappelons que la statistique de Vichy, visant seulement les malades inscrits pour le bain et ne tenant pas compte de ceux qui font la cure en boisson, n'indique ni la fréquentation réelle de la station, ni les variations de cette fréquentation, selon les années. Il importe de tenir compte de ce fait lorsqu'on est obligé de le rapprocher de la statistique de Carlsbad.

Nous pouvons reprocher enfin aux Compagnies de négliger volontiers le malade, qui rapporte peu, pour concentrer leurs efforts à l'attraction des étrangers bien portants qu'il y a toujours gros profit à amuser, et de changer ainsi des centres thérapeutiques en lieux de plaisir... Les propriétaires et les industriels des villes d'Eaux n'ont peut-être pas à se plaindre de cette transformation, lorsque le nombre d'étrangers descendus dans les hôtels augmente sensiblement, comme à Vichy, par exemple, où en douze ans, de 1883 à 1895, ce nombre est passé de 43,620 à 72,031... Mais à cette transformation que peut gagner la médecine thermale proprement dite, si le nombre des vrais malades n'augmente pas ou s'il diminue en même temps... Et n'y a-t-il pas lieu de craindre que ceux-là ne chassent ceux-ci?

Malgré ces inconvénients trop réels, beaucoup pensent que l'exploitation des villes d'Eaux par l'intermédiaire des Compagnies concessionnaires est encore ce qui convient le mieux à notre état social... On ne peut, disent-ils, comparer les municipalités allemandes, issues d'un suffrage restreint, entendu aux affaires, aux municipalités françaises sorties du nombre, lequel est l'antithèse de l'Elite... d'autant moins que chez nous par le fait de la centralisation excessive qui absorbe tout, les meilleures familles ont quitté les provinces pour aller dans les villes, emportant leur fortune avec elles ; que nos campagnes sont tellement rongées par cette maladie des masses, la défiance et la haine des gens riches, comme de toute supériorité, que quiconque a su se faire une fortune ou conserver la sienne y est tenu en suspicion, — qu'enfin, avec la politique au village et la démocratie tombée dans la microcratie, comme si le peuple ne se composait que des infiniment petits, la vie publique est devenue si décevante que les meilleurs s'en écartent... Dans ces conditions qu'espérer, qu'attendre des *outsiders* de la faveur populaire pour une administration réclamant des compétences si diverses? Nos édiles seront le plus souvent au-dessous de leur tâche ; mieux vaut faire la part du feu. Les longues concessions sont donc un mal nécessaire...

La question est importante, mais comment la résoudre? faute de données statistiques pour la guider, notre industrie thermale ne peut que tâtonner dans le brouillard et dans la nuit.

Les médecins de nos villes d'Eaux ne répugnent pas, en général, à un système d'amélioration qui risque de transformer nos cités thermales en des lieux de plaisir..., nous devons constater la tendance, mais nous remarquerons que, jusqu'ici, rien n'a démontré l'utilité de cette évolution pour la médecine thermale proprement dite, et que c'est en s'orientant dans un autre sens, et cherchant surtout à devenir des lieux sanitaires que les stations des pays voisins ont obtenu leurs plus brillants succès.

Les stations climatériques et les villes d'hiver ne nous arrêteront pas longtemps, nous n'avons pu nous renseigner suffisamment sur elles ; il est clair cependant que les services qu'elles rendent sont peu appréciés puisque nous n'en avons qu'une douzaine alors que le Bader-Almanach en indique plus de 200 pour l'Europe Centrale.

Si je m'arrête à mes impressions de touriste, Hyères, Nice, Cannes, Menton, Pau devraient être d'admirables et délicieuses villes d'hiver, pourquoi dans la pratique médicale du moment tiennent-elles si peu de place, qu'un éminent professeur de la Faculté de Paris, étudiant récemment le traitement climatérique, ait pu croire inutile d'en parler ! C'est que ces stations si séduisantes à tant de titres sont aussi peu médicales que possible ; on ne s'y occupe guère que des touristes. Un de nos confrères[1] qui les connaît bien pour y avoir passé plusieurs hivers, nous montre leurs côtés faibles : « la municipalité, dit-il, organise de belles fêtes ; on attire les visiteurs par l'appât de jeux peu lointains et par les excentricités plus ou moins pittoresques du carnaval... mais qui se préoccupe du malade ?...

« Pas de surveillance médicale des objets d'alimentation ; maisons sans confortable, mal closes, dépourvues de portes et de fenêtres doubles, munies de cheminées postiches ou insuffisantes ; si l'hiver est rigoureux tant pis pour qui redoute le froid....

« Naturellement rien n'est préparé pour recevoir les malades. Les concerts ont lieu à des heures invariablement fixes, quelle que soit la journée médicale ; sur certaines promenades, insuffisance de sièges, sur d'autres absence complète. Au lieu de respirer un air pur vous risquez le plus souvent d'absorber la fumée de tabac d'un voisin incommode..... Comment se reposer à Nice, par

(1) M. le docteur Jasiewicz.

exemple, sur le boulevard de Cimiez si ensoleillé et sur tous ces chemins et ces sentiers de Carabacel-Cimiez, véritables serres abritées des vents ? Comment sans fatigue faire cette belle promenade du château ? pas un banc ! Le reste est à l'avenant. Rien n'a été prévu. Le vent ou la pluie vous surprend, en quel endroit vous abriter ? On essaie d'attirer les malades, on ne fait rien pour eux..... Il n'est vraiment pas surprenant que les médecins n'aient plus confiance dans nos stations nationales et qu'ils les déconsidèrent au profit de l'Allemagne et de l'étranger ».

Nous arrivons aux bains de mer, lesquels ne se plaignent pas et n'ont pas d'ailleurs à se plaindre, car en France ils sont encore plus fréquentés et prospères que les Eaux minérales en Allemagne. Il est certain que les bains de mer sont véritablement populaires parmi nous, toutes les classes de la population s'y pressent jusqu'aux artisans et aux simples ouvriers. Pas d'ombre à ce tableau ; mais ils représentent plutôt des lieux de villégiature agréable que de vraies stations sanitaires et surtout que des stations balnéaires. Quelques-unes sont essentiellement des rendez-vous mondains et des lieux de plaisir ; il semble du reste que dans leur évolution nos plages passent successivement par ces diverses étapes : bains de mer, stations sanitaires, endroits de villégiature, centres mondains, lieux de plaisir, mais il est visible qu'elles aboutissent trop souvent à la ville de jeux [1].

La médecine et l'hygiène sont bien obligées alors de s'en désintéresser. On dit couramment que le grand succès de nos bains de mer est la contre-partie de la prospérité des Eaux allemandes ;

---

(1) Et alors, « du mouvement mondain, autrefois la vie et le seul souci de ces plages, le public, aujourd'hui de filles et de parieurs, se préoccupe bien ! Tous et toutes ont la fièvre de l'or, la névrose chronique du jeu et du gain : parties enragées toutes les nuits à l'*Union*, avec des banques de quatre-vingt-dix-mille ; parties au *Petit Trouvillais*, et, alors, dans tous les cafés de la ville, transformés en roulettes, partout où roule et racle une troupe en chienlit de Tzigane, dans les estaminets de la gare et les buvettes du port, jusqu'à des cinq et six heures du matin, cartonnent et boissonnent, avec des louches faces de voleur et des gestes vifs de passe-passe, bookmakers décavés, jockeys disqualifiés, camelots crieurs d'affiches, marchands de faux progammes, banquistes et bonneteurs..., la crème et le gratin, l'écume et la lie, ceux-là

la remarque peut être fondée au point de vue industriel, elle ne l'est pas au point de vue médical, car les Eaux allemandes sont essentiellement des centres médicaux où l'on va pour se traiter, tandis que pour la plupart des gens qui les fréquentent, nos bains de mer sont surtout des endroits de villégiature et de plaisir.

LE MÉDECIN D'EAUX

Le rôle du médecin d'Eaux vis-à-vis du malade, de la station et de la Profession médicale, est beaucoup trop étendu pour que nous l'examinions ici dans le détail de son fonctionnement, nous nous bornerons à quelques remarques.

La pratique thermale suppose en dehors des connaissances de médecine générale, une instruction technique particulière, qui est le propre de la spécialité..... Cette instruction technique, où le médecin d'Eaux l'acquiert-il ?

Pas d'enseignement, pas d'ouvrage didactique lui donnant la substance et la synthèse de ce qui a été écrit çà et là ; donc il lui faut s'initier lui-même ; c'est sur le dos de ses malades, à leurs risques et dépens, qu'il apprend par exemple à connaître la douche..... En tout il devra tâtonner, expérimenter et puis, s'il n'a pas l'intelligence créatrice, on peut être sûr qu'il ne saura jamais son métier..... Comment alors pourra-t-il former des employés, baigneurs, doucheurs, etc. ?...

C'est en majeure partie en séjournant dans un grand nombre de stations thermales, en recueillant des traditions, interrogeant çà et là des confrères qui voulaient bien me répondre, en regardant faire des employés que j'ai appris le peu que je sais, après trente années de pratique, en matière hydrologique... ; notre art ou si l'on veut notre métier est donc transmissible..... mais on ne le transmet pas..... S'il est soumis en chacun de nous à un perpétuel recommencement, comment ferait-il des progrès ?

Le traitement qu'on pratique dans les établissements thermaux n'est pas une médication simple, définie, limitée..... vous savez qu'aucune thérapeutique n'est plus variée, plus complexe, plus riche en moyens, plus étendue en action, puisque, outre la mise en

---

mêmes qui rôdent le soir, une paire de ciseaux à la main, autour des parties des petits chevaux de l'Eden. » Raitif de la Bretonne.

œuvre des conditions hygiéniques de vie, de régime et de milieu, des activités propres des Eaux minérales dont beaucoup sont médicamenteuses, elle comprend comme agents essentiels et fondamentaux la balnéothérapie, l'hydrothérapie, et l'athmiatrie..... Le médecin d'Eaux doit s'en contenter bien que la force des choses, c'est-à-dire les exigences de la clientèle et les nécessités de la pratique, l'invitent souvent à élargir le cercle des attributions médicales qu'on lui concède, et à appliquer sous le couvert de l'Eau minérale toutes les médications possibles.....

En principe on peut dire que l'emploi systématique des médications communes dans les stations thermales n'est pas incorrect, puisque nombre de malades, ne trouvant pas à leur portée tous les secours médicaux, ne vont aux Eaux que parce qu'ils pensent les y rencontrer. Pourtant celui qui connaît son métier réussit presque toujours à remplir toutes les indications avec les seules ressources de la médecine thermale ; le vrai médecin d'Eaux, c'est à cela qu'on le reconnaît, met une certaine coquetterie à ne point en employer d'autres.

Mais dans ces derniers temps quelques stations thermales ont été envahies comme les bains de mer par toutes sortes de spécialistes et chirurgiens de profession, recherchant surtout l'opération, et venus là pour pratiquer leur art à côté de la médecine thermale et à son détriment.... Si le fait se généralisait il transformerait bien vite nos grandes hydropoles en de véritables centres médicaux, analogues à certaines stations d'Outre-Rhin, comme Baden, Wiesbaden ; peut-être les propriétaires et industriels de ces villes d'Eaux n'auraient-ils pas à s'en plaindre, mais il est probable que la médecine thermale y perdrait beaucoup.

Que les chirurgiens-spécialistes, — tous le sont aujourd'hui, — traitent les malades par les moyens chirurgicaux, comme les électriciens les traitent par l'électricité, les masseurs par le massage, cela est naturel ; ils ont aussi le droit d'aller chercher des malades où il y en a, et l'on ne peut leur reprocher de mettre leur art à portée des populations éloignées des centres en venant s'installer dans des villes d'Eaux bien en vue.

Mais que penser de médecins d'Eaux qui s'étant voués publiquement à la médecine thermale et revendiquant la mission de rendre les opérations inutiles par l'application des Eaux et des moyens médicaux annexes proposent et imposent à leurs malades le traitement opératoire ?

Le fait n'est malheureusement pas très rare...

N'est-il pas évident que de semblables pratiques finiraient par détourner les médecins de laisser aller leurs malades aux villes d'Eaux. Et vainement pour s'excuser ici, ces confrères donneraient de leur conduite l'explication que fournit Lafontaine dans la fable du *Chien qui porte le dîner de son maître !* Ils n'en sont pas moins nuisibles à la médecine et à la profession thermales et c'est un devoir pour les vrais médecins d'Eaux de se protéger contre eux.

Le médecin rend des services incessants à la station thermale ; il se dépense pour elle, entreprend des voyages coûteux pour la vulgariser et assurer sa publicité médicale ; c'est lui qui met les Eaux en œuvre et c'est par lui qu'elles valent quelque chose ; en fait c'est lui qui amène et retient la clientèle.... ; de plus il est l'intermédiaire désigné entre la station et la profession médicale, et souvent l'arbitre écouté entre elle et l'étranger.... C'est lui qu dirige et inspire l'industrie thermale dans ses aménagements, qui forme et instruit le personnel des Thermes ; il est le conseiller dévoué et attentif des municipalités pour tout ce qui concerne les améliorations de la ville et ses besoins hygiéniques. Sans lui, la station n'existerait pas, on pourrait donc croire qu'il y occupe une large place ? Nullement.....

Rien ne donne une idée plus exacte de la situation faite aux médecins dans les villes d'Eaux que l'extrême réserve de nos collègues à renseigner votre commission sur l'état de la médecine et de l'industrie thermales en leurs station.... ; neuf sur dix n'ont pas cru pouvoir répondre..., et bien peu ont voulu prendre la responsabilité de leurs communications ; d'autres, nous adressant des réponses anonymes, n'osaient pas même les confier à la poste dont le timbre aurait pu les trahir ; ils nous les faisaient parvenir par voie inconnue ou par des intermédiaires qui nous défendaient de les interroger sur leurs provenances.....

Mais si les médecins d'Eaux en sont là on se demande comment ils font lorsqu'il s'agit de renvoyer un malade à qui les Eaux ne conviennent pas ; de faire sortir d'un appartement malsain un rhumatisant qui s'y est fourvoyé ; — comment font-ils lorsqu'un gros logeur leur demande de prolonger le traitement d'un *bon* malade ou de précipiter le départ d'un pauvre diable dont on désire la chambre ?

Comment font-ils lorsqu'un correspondant important leur confie la mission de « préparer le terrain opératoire » chez un sujet qui ne veut pas être opéré et qui peut guérir sans cela ? Lorsqu'une puissante compagnie, voulant faire *rendre* la clientèle, les invite par exemple à multiplier les bains dans une cure de boisson ou à prescrire des inhalations inutiles réduites à la seule vapeur d'eau ? Comment ils font ? Mais ils font leur devoir purement et simplement, sachant bien ce qu'ils risquent et ce qui les attend ; si l'indépendance ne réside ni dans la situation ni dans le caractère, elle se trouve du moins dans la profession et les médecins d'Eaux ont, autant que les autres, le souci de leurs obligations vis-à-vis du malade ; résignés par nécessité à tous les sacrifices, ils ne font pas celui de leur honneur professionnel.... Inutile d'insister.... Il est clair que le médecin n'a pas dans les stations thermales une situation digne de lui ; il le sait bien et les Eaux sont les premières à en souffrir car trop souvent il se venge en évitant de rien faire pour elles..... Cette tendance assez générale aux villes d'Eaux à refuser au médecin sa part d'influence dans la cité thermale est une des causes les plus actives du discrédit et de l'abandon des Eaux minérales.

La profession comme les malades ont intérêt à ce que le médecin d'Eaux ait toute liberté pour remplir les diverses fonctions qui lui incombent et il y a dans les conditions actuelles un desideratum dont le syndicat doit se préoccuper.

Maintenant, quelle est la situation des médecins d'Eaux devant l'administration et quel secours pourrions-nous attendre d'elle à l'occasion ?

C'était vraiment une idée originale que de transporter le bureau des Eaux minérales au département de l'intérieur.

Ce ministère, chargé surtout d'assurer la paix publique et de prévenir les révolutions...., avait évidemment autre chose à faire que de s'occuper des Eaux minérales et il semble bien que le développement des richesses thermales de la France ait été le moindre de ses soucis.

Pourtant nous pouvons lui être reconnaissants de la gracieuseté avec laquelle il nous a abandonné la charge de soigner les indigents, sans nous donner d'ailleurs les moyens de remplir la tâche, ni s'inquiéter en aucune façon de la manière dont nous nous en acquittons ; c'est assurément là une marque de confiance dont nous devons être fiers....

Malheureusement c'est... tout. Lorsqu'il s'agit de prendre quelque mesure sur les Eaux minérales, d'autoriser des sources, de les protéger par un périmètre ou autrement, d'ordonner des travaux ou de les interdire, d'apprécier des œuvres scientifiques sur l'hydrologie, on ne nous connaît plus ; on s'adresse aux chimistes, pharmaciens, ingénieurs, hygiénistes, fonctionnaires de tous ordres ; tous sont compétents, sauf les médecins d'Eaux !...

Rien ne montre mieux l'estime particulière en laquelle est tenue ici notre spécialité que la façon dont on s'est comporté vis-à-vis des Inspecteurs des Etablissements thermaux lorsqu'on a supprimé leurs fonctions.

Vous savez qu'il y a une trentaine d'années, l'administration voulant « régénérer » le corps des inspecteurs cherchait partout à recruter de jeunes docteurs ayant fait de bonnes études, d'anciens internes... « on les mettrait dans de petites stations où ils s'initieraient au métier ; ils pourraient bien y rester plusieurs années, sans y gagner un sou, ni même acquitter leurs frais de déplacement, mais ensuite on leur confierait des postes meilleurs pour les conduire peu à peu jusqu'aux sommets ; bref on promettait une hiérarchie, une carrière !.. » Telle qu'elle, celle-ci ne s'annonçait peut-être pas comme très lucrative ; mieux valait sans doute s'installer dans une grande station où l'on finirait toujours par se faire une position ; mais l'avantage matériel n'est pas le seul mobile qui conduit les hommes, la perspective d'étudier successivement, sur les divers terrains où on les rencontre, la série des maladies chroniques avait des côtés séduisants pour un médecin épris de son art... Et puis on pouvait compter sur la sécurité de la fonction et sur un avancement garanti et consacré par la législation.

Un certain nombre de confrères se laissèrent prendre à ces belles promesses, mais un beau jour la fonction ayant cessé de plaire, un ministre la supprima tout net.

Mais la loi, les engagements pris?... la belle affaire !... nos confrères furent dépouillés de leurs fonctions, de leur grade, de leur avenir et ruinés dans leur carrière sans la moindre compensation...

Cela s'est fait bien simplement. ; un de mes amis, Inspecteur depuis 22 ans, reçut un jour, au commencement de la saison thermale, un avis du ministre l'informant que son confrère — (ils n'étaient que deux) — « s'étant engagé à assurer pendant la saison des soins gratuits à tous les indigents », il avait décidé de supprimer le poste d'Inspecteur..; avec cela des compliments, des fleurs, oh ! beaucoup de fleurs et voilà !... portez-vous bien !

Il est vrai qu'on ne se préoccupa pas davantage des stations ni des résultats que pouvait avoir pour la médecine et l'industrie thermales la suppression d'une surveillance médicale que tous les comités, académies, conseils, sociétés, associations successivement et par sept fois consultés avaient déclarée indispensable.

Si le gouvernement parlementaire en usait ainsi de tous ceux qui le servent cela expliquerait bien des choses, mais il n'y a guère que les médecins qu'il traite de la sorte...

Voyez ce qui vient de se passer tout dernièrement pour « *l'inspection du travail dans l'industrie* » qui occupe 106 inspecteurs et inspectrices, lesquels, outre 417,000 francs de traitement, se partagent 170,000 francs de frais de tournées, sans compter 1,250 francs de frais de bureau. La Commission du budget, estimant à tort ou à raison, que ces fonctions récemment créées n'ont d'autre résultat que de produire de la paperasserie, demandait en attendant mieux au Ministère du commerce une réduction de 40,000 francs sur un crédit de 640,000 francs qui figure à leur endroit, mais le Ministre combattit l'économie. « l'honorable M. Boucher, dit le rapport, a soutenu que le personnel de l'inspection a *des droits acquis*, qu'il est d'origine relativement récente et que, loin de prévoir une réduction sur les crédits, on devait s'attendre à des demandes de majoration qui deviendront prochainement nécessaires *pour assurer son avancement régulier* »...

Mais, si nous n'avons pas à faire fonds des sympathies administratives, pouvons-nous du moins escompter à notre profit les sentiments du corps médical ? Cela serait peut-être imprudent.

Opportet habere ! Et nous n'avons pour nous ni le prestige du succès qui glorifie tout, ni le bénéfice de droits acquis par de grands services rendus au pays, à la science ou à la profession ; nous n'avons pas su nous entendre pour établir et mettre en relief les indications différentielles de nos stations..; aussi exploite-t-on contre nous ce que Fauvel appelait « l'âpreté de notre concurrence professionnelle, » le vacarme qu'ont mené si longtemps nos discordes intimes, et depuis vingt ans on n'a pas oublié et l'on nous reproche encore les circonstances qui, en 1881, ont amené la révocation des docteurs Vidal, Chabannes, Cardinal, Grimaud, Grenier, et de tant d'autres qui étaient l'honneur de la médecine thermale comme de l'inspectorat...

Un de nos collègues, élu correspondant de l'Académie de médecine, recevait des membres de la docte Assemblée cet étrange compliment : « Nous vous avons nommé quoique et non parce que médecin d'Eaux ! »...

Messieurs, ne soyons pas de ces esprits qu'aucune évidence ne peut convaincre ni corriger... Chacun de nous peut bien avoir des sympathies dans la Profession, il est clair que celles-ci ne se traduiront par rien de tangible pour la spécialité. Ne comptons donc que sur nous-mêmes.

On comprend que dans ces conditions la médecine thermale n'est plus une carrière de choix. — Les avantages et les chances qu'elle comporte ne sont pas de nature à appeler ni à retenir ceux que leurs goûts et leurs aptitudes disposeraient à s'y engager... Ces derniers peuvent bien n'être que des exceptions, n'oublions pas que ces exceptions relèvent et honorent une spécialité.

Il est à craindre que celle-ci n'ait bientôt plus, pour la représenter devant la profession et devant la clientèle, que des confrères devenus hydrologues par accident, par nécessité, ou entrés dans la carrière après avoir échoué dans toutes les directions médicales...

S'il est vrai que c'est le bon médecin qui fait les bonnes Eaux, tous ceux qui s'intéressent aux Eaux minérales et à la médecine thermale doivent se préoccuper de cette éventualité.

* * *

Parvenus au terme de cette longue étude, il convient pour guider notre marche de fixer quelques-uns des faits qu'elle a mis en relief.

Le syndicat affaiblirait son action et éparpillerait inutilement ses forces s'il entreprenait de redresser tous les torts et de porter remède à toutes les défectuosités de la situation. Pour assurer notre défense vis-à-vis des contingences inquiétantes d'une redoutable actualité, son rôle consiste surtout à organiser des concours et à diriger les initiatives individuelles, mais lorsqu'il s'agit de questions capitales dont la solution prime et tient en suspens toutes les autres, il doit intervenir directement.

Or deux faits, entre autres, se dégagent de notre examen ; tout d'abord, il est certain que les Eaux minérales ne se sont pas développées chez nous comme partout ailleurs ; et d'autre part l'on est obligé d'admettre que l'ignorance générale de leurs vertus et l'affaiblissement graduel des traditions ont beaucoup diminué de nos jours l'importance et le rôle de la médecine thermale.

Votre Commission est d'avis 1° qu'il y a lieu d'appeler l'attention des pouvoirs publics sur les conditions de la médecine et des industries thermales en France, et, qu'en raison de la gravité de la situation, le syndicat doit prendre l'initiative de poursuivre l'institution, près d'un département ministériel non politique, d'un Conseil supérieur des Eaux minérales, réunissant à leur endroit les attributions du Comité consultatif d'hygiène publique à celles de l'Académie de médecine, — et chargé spécialement de l'étude et de la protection des divers intérêts matériels, médicaux et hygiéniques qui s'y rattachent.

Nous estimons en outre que pour renouer les traditions et pour assurer comme il convient la vulgarisation de la médecine thermale, il est aujourd'hui d'indispensable nécessité, 2° d'organiser enfin l'Assistance publique aux Eaux, à laquelle devraient se rattacher quelques Ecoles pratiques d'hydrologie médicale;

3° de créer un enseignement officiel d'Hydrologie et de Climatologie à la Faculté de médecine de Paris....

L'application de ces trois mesures, contenant en germe toutes les réformes, tous les progrès, donnerait satisfaction à nos desiderata, comme à tous les besoins de l'exploitation des Eaux minérales... Il serait superflu de montrer ici l'influence qu'elles auraient sur l'avenir de la médecine thermale ; nous vous proposons donc de les prendre en considération et d'en recommander bien instamment l'étude au bureau du Syndicat.

CHARTRES. — IMPRIMERIE DURAND, RUE FULBERT.

www.ingramcontent.com/pod-product-compliance
Ingram Content Group UK Ltd.
Pitfield, Milton Keynes, MK11 3LW, UK
UKHW020223180726
13838UKWH00005B/2163